Anne-Marie Le Plouhinec

Opération Cadeau

Ernst Klett Verlag
Stuttgart München Düsseldorf Leipzig

Opération Cadeau

Von Anne-Marie le Plouhinec, Sindelfingen

Weitere Mitarbeit: Wolfgang Fischer, Sindelfingen

Gedruckt auf Recyclingpapier,
hergestellt aus 100 % Altpapier.

1. Auflage   1 5 4 3 2 1 | 2001 2000 99 98 97

Alle Drucke dieser Auflage können im Unterricht nebeneinander benutzt werden, sie sind untereinander unverändert. Die letzte Zahl bezeichnet das Jahr dieses Druckes.

Diese Lektüre folgt im Deutschen der reformierten Rechtschreibung und Zeichensetzung.

Umschlagbild und Illustrationen: Thierry Duchesne, Paris.
Fotosatz: Cannstatter Repro GmbH, Stuttgart
Druck: Wilhelm Röck, Weinsberg
Printed in Germany.
ISBN: 3-12-591780-8

Inhalt

Vorwort

Liebe Schülerinnen, liebe Schüler!

In den Lektionen eures Lehrbuchs habt ihr mit einigen Franzosen Bekanntschaft geschlossen, mit Gleichaltrigen und Erwachsenen, ihr wißt, wo und wie sie leben, was ihnen Sorge bereitet, worüber sie sich freuen. Ihr verfügt zudem über hunderte neuer Vokabeln und habt euch mutig durch die Grammatik gebissen ... da wäre es doch an der Zeit, das Gelernte in einem größeren Rahmen, einer Lektüre, einmal anzuwenden. Ihr könnt neue Rollen übernehmen und werdet rasch entdecken, dass die Hauptpersonen des folgenden Stückes ähnlichen „Stress" haben wie ihr: das verbindet. Insbesondere, wenn auch sie von Erwachsenen ständig „genervt" und „gefrustet" werden. Und dann ist da noch der komische Basile ... doch mehr soll nicht verraten werden.
Eine Frage noch: redet ihr immer so, wie es im Sprachbuch oder im Lexikon steht? Sicher nicht. Und manche Schülerinnen oder Schüler, die ein Austausch nach Frankreich führt, stellen erstaunt fest, dass auch die Sprache französischer Jugendlicher nicht immer dem entspricht, was im Französisch-Lehrbuch steht. Da lernt ihr nämlich die Standardsprache, in der ihr euch mit allen Franzosen verständigen könnt, ohne durch Nachlässigkeiten oder allzu modische Wendungen aufzufallen. Laurent, Julie, Charlotte und Marc jedoch unterhalten sich häufig in der *langue familière* oder in der *langue des jeunes* – so wie ihr es auch im Deutschen macht.
Folgende Hinweise sollen euch das Verstehen der *langue des jeunes* und der *langue familière* erleichtern:

- Bei Verneinungen fällt das *ne* weg: anstelle von *tu ne devines pas?* heißt es *tu devines pas?*; *c'est pas vrai* steht für *ce n'est pas vrai.*
- Vokale werden „verschluckt": *t'as faim?* statt *tu as faim?* oder *j'sais pas* für *je ne sais pas.*
- Abkürzungen sorgen für flotte Ausdrücke: *sympathique* wird zu *sympa.*
- Natürlich dringt das Anglo-Amerikanische auch in die französische Sprache ein, man ist *cool* oder *stressé.*
- Jugendliche übertreiben gerne, auch in ihrer Ausdrucksweise: reicht *cool* nicht aus, ist man eben *super-cool* oder *hyper-cool*; *sympa* wird zu *super-sympa* gesteigert.

Wir möchten noch einen wichtigen Punkt zur Grammatik erwähnen, damit ihr die Geschichte besser versteht.
Es tauchen einige Verben im *passé composé* auf. Das *passé composé* ist eine Zeitform der Vergangenheit. Ihr braucht diese Form jetzt zwar noch nicht zu lernen, solltet sie aber beim Lesen erkennen und verstehen.
Das *passé composé* wird gebildet aus einer Präsensform von *avoir* (oder *être*) und dem Partizip des Verbs:
1. Das *passé composé* mit *avoir:*

j'ai *tu as* *il/elle/on a* *nous avons* *vous avez* *ils/elles ont*	+ *travaillé (<– travaill**er**);* *répondu (<– répond**re**);* *fini (<– fin**ir**).*

Im Text kommen aber auch einige unregelmäßige Partizipformen vor:
compris <– comprendre, pris <– prendre, vu <– voir, disparu <– disparaître (verschwinden), reçu <– recevoir (empfangen), eu <– avoir, fait <– faire, dit <– dire.

2. Das *passé composé* mit *être:*
Hierbei richtet sich das Partizip des Verbes in Zahl und Geschlecht nach dem Subjekt:

je suis monté(e)
tu es monté(e)
il est monté
elle est montée
on est monté(e,s)
nous sommes monté(e)s
vous êtes monté(e,s)
ils sont montés
elles sont montées

Die Autorin wünscht euch nun viel Vergnügen mit Familie Grimaud, Tante Odile und Basile. Amusez-vous bien!

Opération Cadeau

Personnages

La famille Grimaud:

- Danièle, la mère, et André, le père
- leurs trois enfants: Laurent (13 ans), Julie (12 ans) et Charlotte (7 ans)

Ils vivent à Limoges, au troisième étage d'un petit immeuble.

- Odile, leur tante, est une vieille dame. Elle vit seule. Elle habite au quatrième étage du même immeuble. Les jeunes ne l'aiment pas beaucoup: avec tante Odile, on ne rigole pas tous les jours!

- Marc Langlois est un ami de Laurent. La famille Langlois a déménagé, et habite maintenant à Paris. Marc passe les vacances à Limoges, chez ses grands-parents.

- Basile: Pour lui, on ne dit rien: c'est une surprise!

5 **vivre** leben – 7 **vieux,vieille** alt – **seul,e** allein(stehend) – 12 **déménager** aus-,umziehen

Scène 1

Laurent et Julie arrivent à la maison; leur mère est au téléphone.

Mme Grimaud — Oui, tante Odile. C'est vrai, je … Oui, oui, bien sûr … Je sais, mais ce n'est pas toujours facile … Non … Oui, d'accord; je vais expliquer ça aux enfants, une fois de plus … au revoir, tante Odile.

Laurent — La vieille chouette a encore téléphoné? Qu'est-ce qu'elle veut, cette fois?

Julie — Tu devines pas? *(Elle imite sa tante.)* «Danièle, tes enfants sont impossibles! Ils ressemblent à des clochards, ils parlent comme des voyous!»

Mme Grimaud — Ça, c'est assez vrai, je trouve. Mais surtout, vous n'êtes pas très gentils avec elle, et …

Julie — Pas gentils? Ah, ben ça alors! On fait des courses pour elle, on porte ses bouteilles d'eau, on l'aide vachement souvent …

Mme Grimaud — Oui, mais ça, c'est normal; elle aussi, elle nous aide: elle a été votre baby-sitter, et elle fait encore la cuisine pour vous quand je ne suis pas là.

Laurent — Bon, eh ben alors, tout va bien. Qu'est-ce qu'elle demande de plus?

6 **une fois de plus** noch einmal – 8 **une chouette** Eule – 12 **un clochard** Bettler, Penner – 13 **un voyou** Strolch, Rowdy – 15 **gentil, gentille (avec)** nett (zu) – 19 **vachement** *fam* unheimlich, wahnsinnig

Mme Grimaud Un peu de politesse, par exemple.

Laurent Mais nous, on a pas envie d'être polis avec elle: elle nous emmer …

Mme Grimaud Laurent, comment est-ce que tu parles!

Laurent O.K. … Elle nous embête du matin au soir. C'est vrai, à la fin! C'est pas une tante, c'est une catastrophe!

Mme Grimaud Ecoute, Laurent: ta tante est vieille, seule, et malade. Ce n'est pas très drôle, tu sais! Alors bien sûr, elle est un peu sévère.

Julie Un peu? Tu parles! Elle est jamais contente!

Laurent Elle aime pas les jeunes, c'est tout!

Julie Tante Aline aussi, elle est vieille; mais elle est super-cool avec nous.

Mme Grimaud Peut-être, mais moi, j'en ai assez: Odile a déjà téléphoné trois fois, cette semaine. Alors, s'il vous plaît, faites un petit effort!

Laurent Oui, bon, ne crie pas, on a compris …

Mme Grimaud Je vais chercher Charlotte à l'anniversaire de sa copine. Au revoir, vous deux.

1 **la politesse** Höflichkeit – 2 **poli,e** höflich – 3 **emmer … (der) qn** *pop* jdm auf die Nerven gehen, jdm auf den Wecker fallen – 5 **embêter qn** *fam* jdn nerven – 11 **sévère** streng – 16 **super-cool** total cool – 17 **peut-être** vielleicht – 19 **un effort** Anstrengung – 21 **aller chercher qn** jdn holen

Scène 2

Laurent	Ah là là, c'est pas vrai, non mais c'est pas vrai! J'en ai marre, à la fin!
Julie	Ouais, moi aussi. Elle m'énerve, la tante Odile. Elle est pas marrante.
Laurent	Eh, tu sais quoi? J'ai une bonne idée: on va se venger!
Julie	Mais comment? Qu'est-ce que tu veux faire?
Laurent	Je sais pas encore, mais je vais trouver, tu vas voir! Tiens, par exemple, on verse du coca-cola sur ses fleurs, ou de la confiture dans son piano, ou alors …
Julie	T'es dingue, ou quoi?
Laurent	Ben … Non, pourquoi?
Julie	Réfléchis un peu: tante Odile va tout raconter à maman, et après, bonjour les problèmes!
Laurent	Ça, c'est vrai, mais …

A ce moment, on sonne à la porte.

Julie	Attends, je vais ouvrir … Ah, c'est toi, tante Odile.
Tante Odile	Oui, c'est moi. Tu ne peux pas dire «bonjour», non?

2 **en avoir marre** *fam* die Nase voll haben – 3 **énerver qn** *fam* jdm den Nerv töten – 4 **marrant,e** *fam* komisch, lustig – 6 **se venger (de qn)** sich rächen (an jdm.) – 10 **verser** *hier:* gießen – 12 **une confiture** Marmelade – 13 **être dingue** *fam* verrückt sein, nicht richtig ticken 15 **réfléchir** überlegen

Julie	Heu … Si, bien sûr; bonjour ma *chère* tante Odile!
Tante Odile	C'est déjà mieux. Bon, ma petite Julie, tu as certainement deux minutes pour aller poster cette lettre!
Julie	Oui, pose-la ici, je vais la poster demain matin.
Tante Odile	Non non, pas demain matin: maintenant!
Julie	Quoi? Mais il pleut, et en plus …
Tante Odile	J'ai dit: maintenant. Cette lettre doit partir aujourd'hui; et puis, tu es jeune, trois étages, pour toi, ce n'est rien.
Julie	Pfff! Bon, j'y vais tout de suite. Au revoir, tante Odile.

4 **certainement** sicher – 6 **poster (une lettre)** einwerfen (Brief) – 9 **il pleut** es regnet – 11 **partir** weggehen

La tante quitte l'appartement ... Un moment après:

Laurent Eh Julie, tu penses comme moi?

Julie Ouais! Trop, c'est trop! Cette fois, je suis d'accord avec toi, il faut faire quelque chose. Ecoute, Laurent: va à la boîte aux lettres pour moi, tu veux bien? Moi, je cherche une idée.

Scène 3

Un peu plus tard. Madame Grimaud et Charlotte rentrent dans l'appartement.

Laurent Tiens, salut, petite sœur! Alors, cet anniversaire?

Charlotte Génial! Regarde, j'ai eu plein de cadeaux: des Smarties, un crayon avec une tête de Donald, et un «Kinder-surprise»!

Julie Fais voir! Super! C'est chouette, les cadeaux, hein?

Charlotte Oh, pas toujours! Quand on va voir tonton Jo, il nous donne chaque fois des bonbons à la réglisse, moi j'aime pas ça!

Julie Hé, Laurent, ça y est!

Laurent Quoi?

Julie J'ai trouvé! Hé hé hé! ... On va faire un cadeau à tante Odile!

6 **une boîte aux lettres** Briefkasten – 12 **génial** *fam* toll, super – **plein de** *fam* jede Menge – 17 **tonton** *fam* Onkel – 19 **la réglisse** Lakritze

Charlotte Ça, c'est une bonne idée! Elle va sûrement être très contente!

Julie Mais non, idiote! T'as rien compris! On va offrir à notre très chère tante un truc nul, moche, impossible ...

Laurent Et après? Elle va dire «non merci», et c'est tout!

Julie Mais non! Tu sais bien: tante Odile est très polie, et c'est pas poli du tout, de dire non, quand on reçoit un cadeau ... Il faut même dire «merci beaucoup»!

Laurent Ah, ouais, je comprends ... Pas mal, pas mal! Oui, c'est une bonne idée!

Charlotte Tu parles! Vous êtes pas gentils! Moi, je l'aime bien, tante Odile!

Julie Bien sûr, avec toi, elle est sympa, t'es sa chouchoute. Mais nous, tu vois, on en a marre!

Laurent Dis donc, Julie: Ça va être quoi, ce cadeau?

Julie Ça, pour le moment, j'en sais rien. Mais attends un peu!

1 **sûrement** sicher – 3 **un,e idiot,e** Idiot(in) – 4 **offrir qc à qn** jdm etw schenken – **un truc** *fam* Ding, Zeug – 5 **nul,le** *fam hier:* voll die Niete **moche** *fam* scheußlich, hässlich – 10 **recevoir** bekommen – 16 **sympa** *fam* sympathisch – 17 **un chouchou, une chouchoute** *fam* Liebling

Scène 4

Les enfants discutent, dans la chambre de Laurent. Madame Grimaud frappe à la porte.

Mme Grimaud	Laurent, tu peux venir? Ton ami Marc est là.
Laurent	Marc? ... Ah, tu veux dire Marco? Marc Langlois?
Mme Grimaud	Oui, c'est ça.
Laurent	Hé, Marco, viens là, on est dans ma chambre!
Marc	Salut, mec, ça va? Bonjour, les filles!
Laurent	Salut, le Parisien! Alors, c'est comment, la vie dans la capitale?
Marc	C'est super! Un peu difficile, au début, mais maintenant j'ai des bons copains, alors ça va.
Laurent	T'es là pour les vacances?
Marc	Ouais, c'est ça; je passe deux semaines chez mes grands-parents.
Laurent	T'as déjà vu Phil? Et Stéphane?
Marc	Bien sûr, c'est mes meilleurs amis! Mais j'ai pas de bol, ils partent demain pour une semaine. Ils vont faire un tour à vélo, avec leurs cousins.
Laurent	Et tu peux pas partir avec eux? Tes grands-parents sont pas d'accord?

3 **venir** kommen – 10 **un mec** *fam* Typ, Macker – 11 **un,e Parisien,ne** Pariser(in) – 20 **le meilleur, la meilleure** bester, beste, bestes – 21 **avoir du bol** *fam* Schwein haben

Marc	Ben ... Non; enfin, si, mais le problème, c'est Basile. Ils veulent pas le garder.
Julie	Basile? Qui c'est?
Marc	Basile, c'est lui. Eh, Basile, viens dire bonjour à Julie!

Charlotte	Beurk, un rat!
Marc	Pourquoi «beurk»? Il est super-sympa! Mais bien sûr, mes grands-parents peuvent pas le voir.
Julie	Et tu peux pas l'emmener?
Marc	Ça va pas, la tête? Le vélo et le camping, c'est pas génial, pour un rat des villes comme Basile! Tu sais, j'ai pas envie de le perdre ...
Julie	Ah, oui, bien sûr ... Eh, Charlotte, pourquoi tu restes derrière Laurent? T'as peur?

10 emmener mitnehmen – 11 **Ça va pas, la tête?** *pop* Bist du nicht ganz dicht?

Charlotte	Ben ... Oui, un petit peu... Il a l'air méchant!
Julie	Mais non, il est très mignon, regarde! Dis, Marco, je peux le prendre un peu, ton rat?
Marc	Bien sûr! Tu vas voir, il est copain avec tout le monde.
Laurent	Eh, j'ai une idée: tu veux pas le laisser ici, ton Basile? Nous, on le garde, et toi, tu vas faire ton tour à vélo.
Marc	Vrai? Tu dis pas ça pour rigoler? Ouah, cool! Basile, t'as entendu? Tu restes chez mon pote Laurent; tu vas être bien sage, O.K.? ... Oui, il a dit: «oui». Il va être sage. Dis-donc, Laurent, je peux le laisser ici tout de suite?
Laurent	Oui, oui, bien sûr, mais ... Qu'est-ce qu'il mange?
Marc	Un peu de tout, comme toi: de la baguette, du fromage, des fruits, des œufs ... Il aime presque tout!
Charlotte	Et où il dort?
Marc	A Paris, il a une cage. Mais ici, il dort sur un vieux T-shirt dans une boîte en carton. Bon, eh bien, merci ... Allez, salut, vous trois!
Charlotte	Nous quatre! Tu oublies Basile!

1 **avoir l'air méchant** gefährlich, böse aussehen – 3 **mignon,ne** hübsch, niedlich – 12 **entendre** hören – 13 **un pote** [pɔt] *pop* Freund, Kumpel 15 **être sage** brav sein – 16 **tout de suite** sofort – 20 **un fromage** Käse **un œuf, des œufs** [œf, ø] Ei – 21 **presque** fast, beinahe – 22 **dormir** schlafen – 23 **une cage** Käfig

Scène 5

Julie	Dis, Laurent, il est sympa, Basile, mais … Tu veux vraiment le garder une semaine?
Charlotte	Pourquoi tu l'as pris? T'as même pas demandé à papa et maman!
Julie	C'est vrai, ça: qu'est-ce qu'ils vont dire?
Laurent	Ah là là … Vous, les filles, vous pigez vraiment rien! On va pas le garder, ce rat. On va le … donner!
Julie	Tu veux dire …
Charlotte	C'est … ça, le cadeau pour tante Odile?
Laurent	Ben oui! Pourquoi pas?
Julie	J'sais pas, mais … C'est un peu vache, non?
Charlotte	Elle a déjà peur des souris …
Julie	… Un rat, elle va pas aimer! Elle va peut-être tomber dans le pommes?
Laurent	Tant mieux! Bien fait pour elle!
Julie	Je l'aime pas beaucoup, tante Odile, mais là …
Laurent	Mais qu'est-ce que tu veux, à la fin? Tu veux te venger, oui ou non?
Julie	C'est vrai. Hmm … Bon, O.K., je marche avec toi.
Charlotte	Et comment tu vas faire, quand Marco va venir chercher son rat?

2 **vraiment** wirklich – 6 **piger** *pop* verstehen, „schnallen" – 12 **être vache** *fam* gemein sein – 16 **tomber dans les pommes** *fam* in Ohnmacht fallen – 17 **tant mieux** umso besser – **Bien fait pour elle!** Geschieht ihr recht! – 23 **marcher avec qn** *hier:* mitziehen,mitmachen

Julie Ça, c'est pas un problème: On attend quatre ou cinq jours, et on va voir tante Odile; on prend Basile, on laisse un peu la porte ouverte, et puis on crie: «Oh, zut, le rat! Il s'en va!».

Laurent Et après, on le cache dans notre chambre. Ouais, super!

Julie Dis, Charlotte, viens ici deux minutes!

Charlotte Qu'est-ce que tu veux?

Julie Tu dis pas un mot aux parents, O.K.? Et à tante Odile non plus.

Charlotte Je ... Je sais pas. Moi, j'ai pas envie de l'embêter, tante Odile!

Julie Mais c'est juste pour rigoler un peu!

Charlotte Rigoler, rigoler ... C'est pas très rigolo, je trouve!

Laurent Mais si, tu vas voir! Et puis ... T'as pas envie de partager un secret avec nous, comme une grande?

Charlotte Bon ... D'accord. Mais alors, vous m'achetez une grande tablette de chocolat ... Non, deux, c'est plus sûr!

4 **ouvert,e** offen – 5 **Zut!** Verflixt! – 6 **cacher** verstecken – 14 **juste** *hier:* bloß, nur – 15 **rigolo** *fam* lustig – 18 **partager** teilen – **un secret** Geheimnis

Scène 6

Les trois jeunes arrivent chez leur tante. Ils apportent Basile, dans une boîte en carton avec un ruban.

Tante Odile	Bonjour, les enfants.
Julie	Bonjour, tante Odile! Comment vas-tu, aujourd'hui?
Laurent	Tiens, voilà ton journal. Ah, et on t'apporte aussi ton courrier. Comme ça, tu ne dois pas descendre exprès.
Tante Odile	Je ... Oui, merci! *(A part.)* Ils sont vraiment très gentils, ce matin ... Et tellement polis! Bizarre, bizarre! *(Aux enfants.)* Est-ce que vous voulez me dire quelque chose?
Charlotte	Non, ils veulent ... Heu ... On veut te faire un cadeau.
Laurent	Tu sais, on a réfléchi: on veut faire la paix avec toi!
Tante Odile	Un cadeau? Quelle bonne surprise! Qu'est-ce que c'est?
Laurent	A toi de deviner!
Tante Odile	Ça se mange?
Charlotte	Ah non! Beurk!
Tante Odile	Alors un livre, peut-être? Ou bien ... Mais ... Ça bouge! C'est un ... animal?
Julie	Bravo! Tu as trouvé!

2 **un ruban** Band – 6 **journal** Zeitung – 7 **le courrier** Post *(Briefe, Karten etc.)* – 8 **devoir** müssen, sollen – **exprès** [ɛkspʀɛ] extra – 9 **à part** für sich, beiseite – 10 **tellement** so (sehr) – 16 **faire la paix avec qn** mit jdm Frieden schließen – 24 **bouger** sich bewegen

Tante Odile — *(A part.)* De plus en plus bizarre! *(A haute voix.)* Bon, je regarde. Oh, mon Dieu! Mais c'est un … un … un *rat*! *(Elle ferme vite la boîte.) (A part.)* Oh, les petits monstres! Quelle sale bête! *(Aux enfants.)* C'est une blague, n'est-ce pas? Il n'est pas pour moi, cet animal?

Julie — Mais si, bien sûr, pourquoi pas? Il est joli, non?

Laurent — Et puis … Aujourd'hui, tout le monde a un rat: c'est la mode.

Tante Odile — Mais enfin … Les rats sont des animaux dangereux! Ils sont sales, ils donnent la peste et le typhus …

Julie — Oh non, pas celui-là! Il est très propre et très gentil.

Tante Odile — Tu es sûre? Bon, alors je … Eh bien … Merci pour ce cadeau. Je vais l'appeler Grisou.

Charlotte — Quoi? Mais non, il s'appelle Bas… *(Son frère lui donne un coup de pied.)* Aïe!

Laurent — *(A voix basse.)* Chut! Idiote! Pas de gaffes, O.K.? Ou bien … Pas de chocolat!

Tante Odile — Quoi? Qu'est-ce que tu dis, Charlotte? Il s'appelle «Banzaï»? Mais non, quelle

1 **de plus en plus bizarre** immer komischer – 2 **à haute voix** laut, mit lauter Stimme – 3 **Mon Dieu!** Mein Gott! – 5 **un monstre** Ungeheuer, Monstrum – **sale** dreckig,schmutzig – **une bête** Tier – 6 **une blague** Scherz, Streich – 11 **c'est la mode** das ist „in" – 14 **la peste** Pest – **le typhus** [tifys] Typhus – 15 **propre** sauber – 21 **un coup de pied** Fußtritt 22 **à voix basse** leise, mit leiser Stimme – **Chut!** Psst! – 23 **une gaffe** *fam* Fehler,Dummheit

drôle d'idée! Cet animal s'appelle Grisou, j'ai dit. Après tout, c'est *mon* rat, non?

Laurent Oui, oui, bien sûr, comme tu veux!

Julie Bon, alors au revoir, tante Odile! Et amuse-toi bien, avec ... Grisou.

Scène 7

Tante Odile est maintenant toute seule avec le rat.

Tante Odile Mon Dieu, mon Dieu, que ces enfants sont méchants! Ils ont acheté un rat, rien que pour m'embêter! Un rat! Et avec quel argent? Je me le demande! Combien ça peut coûter, un rat? Aucune idée! Mais de toutes façons, ils n'ont jamais un sou ... C'est peut-être un cadeau de leurs parents? ... Non, non, pas possible! André et Danièle n'aiment pas les rats, je le sais bien; ils n'ont sûrement pas acheté ce ... ce monstre à leurs enfants! Mais alors, d'où vient-il, cet animal? D'un «copain»? Ça, c'est bien possible: tout à l'heure, Charlotte a commencé à dire quelque chose, et Laurent l'a arrêtée. Hein, d'où viens-tu, sale

6 **s'amuser** sich amüsieren – 9 **méchant,e** gemein, boshaft – 10 **rien que pour m'embêter** nur, um mich zu ärgern – 11 **quel argent?** welches Geld? – 13 **ne jamais avoir un sou** immer abgebrannt, pleite sein – 21 **tout à l'heure** *hier:* vorher – 23 **arrêter** *hier:* unterbrechen, stoppen

bête? *(Elle regarde la boîte.)* Ooooh, quelle horreur! Le rat ... Il ... Il n'est plus dans sa boîte! Où est-il maintenant? Dans mon lit? Dans la salle de bains? Ah, il est peut-être dans la cuisine, la porte n'est pas fermée ... *(Elle va dans la cuisine.)* Hiiii! Oui, il est là, sur la table, il mange mes fruits! Oh, mon Dieu, qu'est-ce que je vais faire? Appeler les enfants? Non, pas question! Ils n'attendent que ça! Ah, je sais! Vite, la boîte ... Reste là, toi! *(Elle va chercher la boîte.)* Et maintenant, attention ... Un, deux, trois ... Hop! *(Elle met la boîte sur Basile.)* Voilà! Prisonnier! Ouf, j'ai eu peur!

2 **Quelle horreur!** Wie scheußlich! – 10 **ne ... que** nur – 15 **un prisonnier** Gefangener

Ah, mes petits, vous rigolez bien, en ce moment, je le sais! C'est drôle, n'est-ce pas: votre vieille tante, seule avec un rat dans son appartement! ... Je dois dire une chose: vous avez de l'imagination! Mais vous allez voir: vous allez me payer ça! Je suis peut-être une vieille mémère, mais je ne suis pas idiote! Moi aussi, je sais faire des blagues!

Scène 8

Deux jours plus tard, chez les Grimaud. Les enfants sont dans la chambre de Julie.

Julie	Vous trouvez ça normal, vous? Basile est chez tante Odile depuis deux jours, et on a toujours pas de nouvelles: rien, pas un mot!
Laurent	Ouais, c'est bizarre.
Julie	Elle est peut-être vraiment contente de son rat?
Charlotte	Oh, oui! Hier, quand je suis allée la voir, j'ai bien vu!
Laurent	Qu... Quoi? Tu as vu tante Odile avec le rat?
Charlotte	Oui ... Enfin, non ... J'ai demandé: «Où

5 **avoir de l'imagination** *f* Fantasie, Ideen haben – 8 **une mémère** *fam* Oma – 9 **faire une blague** einen Streich spielen – 10 **plus tard** später 14 **une nouvelle** Nachricht, Neuigkeit – 19 **hier** gestern – **aller voir qn** jdn besuchen

il est, Grisou? Je peux le voir?» et elle a répondu: «Non, pas pour le moment, il est caché sous le lit, il est encore un peu timide; mais il est très mignon. Merci pour ce cadeau.»

Laurent — Elle aime bien Basile? ... C'est dingue, ça! Mais alors ... On a raté notre coup!

Julie — Oui et non ...

Laurent — Qu'est-ce que tu veux dire?

Julie — Ben ... Au moins, maintenant, elle nous laisse tranquilles! ... Tiens, on a sonné à la porte. Tu vas voir, Charlotte?

Charlotte — O.K. ... Ah, bonjour, tante Odile. Tu vas bien?

Tante Odile — Oh, non! Bonjour, les enfants. Non, je ne vais pas bien ... Mon rat, mon cher petit Grisou ...

Laurent — *(inquiet)* Qu'est-ce qu'il a? Il est malade?

Tante Odile — Non, non ... Enfin, je ne pense pas ...

Julie — Qu'est-ce que tu veux dire?

Tante Odile — Eh bien ... Enfin, voilà: Grisou a disparu!

Laurent — Hein? Quoi?

Julie — Mais c'est impossible! Tu es sûre?

Tante Odile — Oui, j'ai cherché partout, dans tous les coins ... Pas de Grisou! Il n'est plus dans l'appartement. Mais il est peut-être encore dans l'immeuble ... Vous voulez bien m'aider à le chercher?

Laurent — Oui, bien sûr. Venez, les filles, on y va!

4 **timide** schüchtern – 7 **un coup** *hier:* Streich – 11 **tranquille** ruhig, zufrieden – 18 **inquiet,-iète** beunruhigt, unruhig – 21 **disparaître** verschwinden – 24 **partout** überall – 25 **un coin** Ecke, Winkel

Trois heures plus tard, les enfants se retrouvent chez leur tante. Ils sont tristes et fatigués.

Tante Odile Alors, les enfants, vous avez retrouvé mon Grisou?

Julie Non. Moi, j'ai cherché dans le grenier avec Charlotte, Laurent a regardé dans les caves. On a aussi demandé à tous les voisins, et on a regardé à tous les étages … Pas de rat!

Tante Odile Oh, mes enfants, je suis triste, vous ne pouvez pas savoir! Où peut-il être, mon pauvre Grisou? J'ai encore cherché dans tout l'appartement, j'ai appelé, mais … rien!

Charlotte Qu'est-ce qu'on va dire à Mar…

Julie Chut! Silence, idiote!

Laurent Oh là là, quelle galère! Qu'est-ce qu'on va faire?

Tante Odile Quel malheur! Ce soir, on ne va plus le retrouver, il fait nuit. Mais il va peut-être revenir tout seul … Je vais mettre du fromage devant ma porte. Et maintenant, rentrez vite chez vous, c'est l'heure du dîner. Moi, je ne vais pas manger. Je n'ai pas faim du tout, je suis trop triste!

1 **se retrouver** sich (wieder) treffen – 2 **triste** traurig – **fatigué,e** müde
3 **retrouver qc** etw wiederfinden – 5 **un grenier** Dachboden,Speicher
7 **une cave** Keller – 17 **Quelle galère!** So ein Mist! Welche Katastrophe! – 20 **il fait nuit** es ist Nacht – 21 **revenir** zurück kommen
24 **le dîner** Abendessen

Scène 9

Le lendemain matin, les Grimaud prennent leur petit déjeuner. Les enfants, désespérés, ont raconté toute l'histoire à leurs parents.

M. Grimaud	Ah, bravo! Pour les bêtises, vous êtes des champions, on peut le dire!
Charlotte	C'est pas moi, c'est Laurent et Julie! Moi, je …
Julie	Oh, toi, tais-toi, tu veux?
M. Grimaud	Quelle idée, aussi! Donner l'animal de votre copain à votre tante!
Mme Grimaud	Arrête, André: les enfants sont assez tristes comme ça, c'est inutile de les gronder!
Laurent	Qu'est-ce qu'on va faire? Mais qu'est-ce qu'on va faire?
M. Grimaud	Ça, tu l'as déjà dit vingt fois, ce matin.
Julie	Ben oui, mais c'est vrai: Qu'est-ce qu'on va faire?
Mme Grimaud	Ecoutez, les enfants, perdre un rat, ce n'est pas un drame, tout de même!
Julie	Mais c'est pas *un* rat, c'est Basile, le rat de son copain.
M. Grimaud	Et il est de quelle couleur, ce rat?

1 **le lendemain matin** am nächsten Morgen – **un petit déjeuner** Frühstück – 2 **désespéré,e** verzweifelt – 8 **Tais-toi!** Sei ruhig! Schweig! 11 **arrêter** *hier:* aufhören – 12 **inutile** überflüssig, unnütz – 13 **gronder qn** jdn ausschimpfen – 20 **un drame** Drama – **Tout de même!** Also wirklich! – 23 **une couleur** Farbe

Laurent Gris, pourquoi?

M. Grimaud Eh bien alors, c'est facile: Vous achetez un autre rat gris, et vous le donnez à Marc.

Julie Ça va pas, non? ... Excuse-moi, papa. Je veux dire ... C'est impossible: Marco va comprendre tout de suite. Il connaît bien Basile, tu sais!

Mme Grimaud Je suis d'accord avec Julie. Mais alors, il n'y a plus qu'une seule solution: dire la vérité à votre ami.

Laurent Ça, jamais! Là, je suis sûr de perdre un bon copain. Marco aime beaucoup son rat.

M. Grimaud Et tu ne peux pas ... Je ne sais pas, moi ... Tu ne veux pas offrir autre chose à Marc? Un beau cadeau? Par exemple ...

Laurent Mais non, ça ne change rien au problème. La seule solution, c'est de retrouver Basile!

Julie Tu parles! On a déjà cherché partout, hier, et on a rien trouvé!

Charlotte Moi, j'ai pas envie de recommencer aujourd'hui!

Laurent Alors, reste là. Mais moi, je vais chercher Basile!

Julie Attends, Laurent, je viens avec toi.

1 **gris,e** grau – 5 **excuser** entschuldigen – 7 **connaître** kennen – 10 **une solution** Lösung – 11 **la vérité** Wahrheit

Scène 10

Laurent et Julie cherchent Basile, ensemble, cette fois. Soudain, dans le hall d'entrée de l'immeuble, Laurent a une idée.

Laurent	Les boîtes aux lettres, Julie! Tu as regardé dans les boîtes aux lettres, hier?
Julie	Heu… Non! Mais t'es fou, il peut pas entrer là-dedans, c'est trop petit!
Laurent	Si, si, je suis sûr! Et puis, elles ne sont jamais fermées, tu sais bien!
Julie	Tu crois? Bon, alors regarde … *(Laurent y va.)* Tu vois Basile, quelque part?
Laurent	Non … Oh, mais regarde ça, dans notre boîte, c'est bizarre, qu'est-ce que c'est?

Laurent prend dans la boîte aux lettres une grande enveloppe. Dessus, on peut lire: «Pour les enfants Grimaud». C'est écrit avec des lettres découpées dans un journal!

Julie	Une … Une lettre anonyme! Pour nous! Ça, alors! Ouvre vite!

Laurent déchire l'enveloppe. Les deux jeunes lisent la lettre ensemble:

2 **soudain** plötzlich – **un hall** ['ol] **d'entrée** Hauseingang, Eingangshalle – 7 **là-dedans** da rein – 11 **quelque part** irgendwo – 14 **une enveloppe** (Brief)umschlag – 15 **dessus** darauf – 16 **une lettre** *hier:* Buchstabe – **découper** ausschneiden – 17 **anonyme** [anɔnim] anonym, ohne Namen – 19 **déchirer** zerreißen

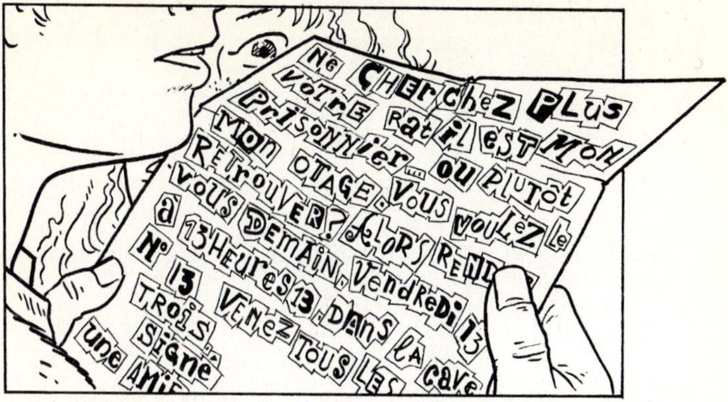

Julie — On a kidnappé Basile! Mais c'est fou! Quelle histoire!

Laurent — C'est sérieux, tu crois?

Julie — Ben ... J'sais pas ... Peut-être. Viens, on va montrer ça à Charlotte et aux parents.

Un peu plus tard, chez les Grimaud; Laurent a montré la lettre anonyme à toute la famille.

Laurent — Alors, qu'est-ce que vous pensez de ça?

Mme Grimaud — Eh bien, à mon avis, c'est plutôt une bonne nouvelle!

Laurent — Ah, tu trouves?

M. Grimaud — Mais oui, maman a raison: Basile n'a pas «disparu»; il est vivant, et une «amie» veut vous voir et vous le redonner.

plutôt vielmehr – **un otage** Geisel – 1 **kidnapper** entführen – 3 **sérieux, -se** ernst – 9 **à mon avis** meiner Meinung nach – 13 **vivant,e** lebendig – 14 **redonner** zurückgeben.

Julie Peut-être, mais dans les films, c'est toujours dangereux, ces histoires de lettres anonymes.

Laurent Et puis d'abord, qu'est-ce qu'elle veut, cette «amie»? Une rançon, ou quoi?

Julie Et pourquoi elle veut nous voir dans la cave?

Mme Grimaud Ça, je ne sais pas. C'est un peu bizarre, c'est vrai.

Charlotte Moi, j'y vais pas! J'ai peur, dans les caves: c'est tout noir!

Laurent Toi, tu viens avec nous: t'as pas vu la lettre? «Venez tous les trois»!

Charlotte Bon … Mais alors, maman vient aussi!

Mme Grimaud On peut faire comme ça, oui, pourquoi pas?

Laurent Non non non, pas question: on y va tous les trois, et c'est tout!

M. Grimaud Tu es sûr? Vous n'avez pas peur?

Julie Mais non, papa. Et puis, on *doit* y aller seuls …

Charlotte Mais …

Mme Grimaud Ecoute, Charlotte, j'ai une idée: je reste dans l'entrée de l'immeuble; si vous avez un problème, vous criez très fort.

Charlotte Bon … Comme ça, d'accord.

5 **une rançon** Lösegeld – 17 **pas question** *fam* kommt nicht in Frage
24 **une entrée** Eingang

Scène 11

Le vendredi, à 13 heures 13. Les trois jeunes arrivent devant la cave n° 13, un peu inquiets.

Julie	Mais dis-donc, Laurent, cette cave numéro 13, c'est la cave de tante Odile, non?
Laurent	Tiens, c'est vrai!
Charlotte	Ooooh, regardez, la porte s'ouvre!

La porte s'ouvre, en effet, et tante Odile sort de sa cave.

Charlotte	Ah, c'est toi, tante Odile? Ouf, j'ai eu peur!
Tante Odile	Peur? Mais peur de qui, ma petite Charlotte? Du Grand Méchant Loup? De Frankenstein?

8 **en effet** tatsächlich – **sortir** *hier:* heraustreten – 12 **un loup** Wolf

Charlotte	Non … Peur du … du kidnappeur!
Julie	Ou plutôt, de la kidnappeuse … Regarde, tante Odile: on a reçu cette lettre ce matin. Tu vois la signature? « Une amie».
Laurent	Alors maintenant, on attend; mais toi, qu'est-ce que tu fais là? Tu as aussi reçu une lettre anonyme?
Tante Odile	Moi? Oh, non! Mais … N'attendez plus la «kidnappeuse», elle est déjà là.
Charlotte	Tu l'as vue? Où? Dans ta cave? *(Elle passe la tête par la porte, pour voir).*
Tante Odile	Non, là, devant vous!
Julie	Co… Co… Comment? C'est toi?
Tante Odile	Eh oui …
Julie	Ça, c'est pas gentil! On a eu très peur pour Basile!
Tante Odile	Ah, il s'appelle donc Basile, ce cher animal! Il n'est pas à vous, n'est-ce pas?
Laurent	Ben … Non, c'est le rat de mon copain Marc. On l'a pris pour quelques jours, pour te faire une blague …
Tante Odile	Ah, ah! Et ça, c'est gentil, peut-être? Moi aussi, j'ai eu très peur, avec cette sale bête! Alors j'ai décidé, à mon tour, de vous faire une blague …
Laurent	Dis, tu vas nous le redonner, hein?
Tante Odile	Oui, mais pas tout de suite: d'abord, la rançon!

1 **un,e kidnappeur,-euse** Entführer(in) – 3 **recevoir** bekommen, erhalten – 4 **une signature** Unterschrift – 11 **passer par** *hier:* herausstrecken – 24 **à mon tour** meinerseits

Charlotte — Quoi? Mais … On a pas d'argent!

Tante Odile — Qui a parlé d'argent? Je ne suis pas un gangster! Tenez: lisez ça, et signez; c'est tout!

Tante Odile donne un papier à Laurent. Il lit, à voix haute:

Laurent — «Nous, Laurent, Julie et Charlotte Grimaud, voulons *vraiment* faire la paix avec notre tante Odile. A partir d'aujourd'hui, nous allons être gentils et polis avec elle.»

Julie — D'accord, tu as gagné; on va signer. Où est Basile?

Tante Odile — Vous allez le voir bientôt. Je ne l'ai pas gardé chez moi, vous pensez bien! Je l'ai laissé chez un ami. Il adore les animaux. Quelle heure est-il? Ah, bientôt une heure et demie; venez avec moi, mon ami va arriver dans quelques minutes, avec votre monstre.

Julie — Quand même, tante Odile … tu as bien rigolé, quand on a cherché Basile partout, non?

Tante Odile — Non … Je ne suis pas si méchante, tu sais! Je n'ai pas fait ça par plaisir mais … A la guerre comme à la guerre!

9 **à partir de** von … an – 21 **quand même** trotzdem – 25 **par plaisir** zum Spaß – 26 **à la guerre comme à la guerre** Krieg ist Krieg; Auge um Auge

Scène 12

Quelques jours plus tard. Le téléphone sonne chez les Grimaud.

M. Grimaud   Allô? Ah, bonjour, Marc! Oui, un instant, s'il te plaît ... Laurent? C'est pour toi!

Laurent   Allô, Marc? Comment va?

Marc   Bien, bien! Grâce à toi, j'ai passé une super semaine avec mes copains! Dis donc, Laurent, je peux venir chercher Basile, cet après-midi, vers trois heures?

Laurent   Oui, tu peux venir, je suis là.

Marc   Ah, génial! Il a été sage, au moins?

Laurent   Il a été super sympa! Ici, tout le monde l'adore!

Marc   Bon! Tant mieux! Tu vas me raconter, hein?

Laurent   Oh, y a rien à raconter ... Aucun problème!

Marc   O.K., à tout à l'heure, Laurent.

Un peu plus tard, on sonne à la porte.

Julie   Tiens, c'est déjà Marco? *(Elle va ouvrir.)* Ah, non, c'est tante Odile!

3 **un instant** Augenblick – 6 **comment va?** = comment ça va? – 7 **grâce à toi** dir habe ich es zu verdanken, dass ... – 10 **vers** gegen, ungefähr um – 12 **au moins** wenigstens – 17 **aucun,e** kein(e) – 19 **à tout à l'heure** bis nachher

Les trois enfants *(en chœur)* Bonjour, tante Odile! Ça va?

Tante Odile Très bien, merci. Dites, les enfants, vous n'avez pas le journal d'aujourd'hui, par hasard? Quand j'ai fait mes courses, ce matin, j'ai oublié de l'acheter.

Laurent Non, on ne l'a pas. Mais ce n'est pas grave, je peux aller au kiosque en vitesse, si tu veux!

Julie Dis-moi, tante Odile, ce journal, ce n'est pas pour découper une nouvelle lettre anonyme, au moins? *(Elle rit.)*

Tante Odile Mais non, pas de panique! Je veux juste regarder les petites annonces.

Charlotte Oh! Tu veux trouver un mari, comme Madame Lepage, la voisine de mamie?

Tante Odile Oh non, je suis trop vieille! Mais je vais vous dire quelque chose. Vous m'avez donné une idée, avec votre blague et votre rat: vous savez, je suis souvent de mauvaise humeur, parce que je suis seule: ma vie est parfois un peu triste. Alors j'ai pensé: un peu de compagnie ne peut pas me faire de mal.

Charlotte Qu'est-ce que tu veux dire?

Tante Odile Je vais adopter un animal; pas un rat, bien sûr! Mais peut-être un petit chat.

1 **en chœur** *m* im Chor – 4 **par hasard** *m* zufällig – 6 **grave** schlimm 7 **un kiosque** Zeitungskiosk – **en vitesse** sehr rasch, schnell – 10 **nouveau, nouvelle** neu (e,r,es), andere (r,s) – 12 **une panique** Panik – **juste** *hier:* nur mal – 13 **les petites annonces** Kleinanzeigen – 14 **un mari** Ehemann – 15 **mamie** *fam* Oma – 20 **une humeur** Laune – 21 **parfois** manchmal – 22 **une compagnie** Gesellschaft – 23 **cela ne peut pas me faire de mal** das kann mir nicht schaden – 25 **adopter** adoptieren

Charlotte — Un chat? Ouais, super!

Julie — Ça, c'est une bonne idée!

Charlotte — Tu sais, moi non plus, j'aime pas tellement les rats! Les petits chats sont beaucoup plus mignons.

Tante Odile — Oh oui, alors! Et puis … Avec un chat dans la maison, je suis tranquille: plus jamais de rats chez moi!

FIN

7 **plus jamais** nie mehr

Questions et devoirs

Scène 1

1. Pourquoi est-ce que tante Odile téléphone à Mme Grimaud?
2. Qu'est-ce qu'elle raconte? Complétez et jouez le dialogue entre tante Odile et Mme Grimaud.
3. Est-ce que les enfants sont d'accord avec tante Odile? Qu'est-ce qu'ils répondent à leur mère?
4. Pourquoi est-ce qu'ils n'aiment pas leur tante?
5. Qu'est-ce que tante Odile fait pour la famille?
6. Pourquoi est-ce que tante Odile est un peu sévère?
7. Faites le portrait d'une vieille tante idéale.

Code secret

Chaque nombre remplace une lettre. Trouvez les mots cachés. (Jede Zahl ersetzt einen Buchstaben. Findet die versteckten Wörter.)

1\.

C	O	U	R	S	E	S
|	|	|	|	|	|	|
1	2	3	4	5	6	5

2\. 1 3 7 5 7 8 6
3\. 9 10 11 7 8
4\. 1 2 12 7 8 6
5\. 1 13 2 1 14 10 4 15
6\. 16 2 3 11 6 7 13 13 6
7\. 17 6 3 8 6
8\. 10 8 8 7 18 6 4 5 10 7 4 6

Solution (Lösung) page 46.

Scène 2

1. Comment est-ce que Laurent veut se venger de tante Odile?
2. Pourquoi est-ce que Julie n'est pas d'accord?
3. Est-ce que vous pouvez donner une «bonne idée» à Laurent?
4. Qu'est-ce que tante Odile demande aux enfants?
5. Pourquoi est-ce que Julie est en colère?
6. Et vous, est-ce que vous êtes d'accord avec les enfants? Pourquoi/Pourquoi pas?

Scène 3

1. D'où vient Charlotte?
2. Quelle est l'idée «géniale» de Julie?
3. Qu'est-ce que vous pensez de cette idée?
4. Pourquoi est-ce que Charlotte aime bien sa tante?
5. Qu'est-ce que vous offrez à quelqu'un pour l'embêter?

FORMEZ QUINZE MOTS AVEC LES ÉLÉMENTS SUIVANTS.

con - te - pli - sou - pi - ter - ma - ser - en - rant
main - chir - se - ra - son - con - fant - co - quer - flé
pri - tir - nu - mar - vent - mai - tin - sur - te - tent
ver - ex - ré - mi - nant - par - ne.

Solution page 46.

Scène 4

1. Qui est Marc?
2. Où est-ce qu'il habite et pourquoi est-ce qu'il est à Limoges?
3. Quel est son problème?
4. Parlez de Basile. Comment est-ce qu'il est? Qu'est-ce qu'il mange? Où est-ce qu'il dort?
5. Quelle est l'idée de Laurent?
6. Un rat comme animal domestique (Haustier). Est-ce que vous êtes pour ou contre? Pourquoi?

Scène 5

1. Pourquoi est-ce que Laurent veut garder le rat de Marc?
2. Que disent a) Julie? b) Charlotte?
3. Comment est-ce que les enfants vont faire quand Marc va venir chercher son rat?
4. Qu'est-ce que Charlotte demande pour son silence?

VRAI OU FAUX?

Est-ce que vous avez bien lu les chapitres 1 à 5? Corrigez les phrases qui sont fausses.

1. Basile n'aime pas les fruits.
2. Charlotte demande une tablette de chocolat pour son silence.
3. Tante Odile fait la cuisine pour les enfants.
4. Basile dort sous le lit de Marc.
5. Tante Odile habite au 3e étage.
6. Tonton Jo donne toujours des Smarties aux enfants.
7. Marc habite à Paris.
8. Tante Odile est toujours très polie.

9. Julie est la chouchoute de sa tante.
10. Les amis de Marc partent pour deux semaines avec leur parents.

Solution page 46.

Scène 6

1. Pourquoi est-ce que tante Odile trouve les enfants bizarres?
2. Comment est-ce que les enfants expliquent leur cadeau?
3. Que fait et que dit leur tante quand elle voit le rat?
4. Pourquoi est-ce qu'elle garde le cadeau?
5. Qu'est-ce qu'elle va faire maintenant? Que pensez-vous?

FAITES DES PHRASES.

1. polis - vraiment - sont - très - ils
2. moi - paix - veulent - avec - ils - la - faire
3. grande - ou - courrier - aussi - t' - ton - boîte - et - apporte - une
4. offrir - nous - un - cadeau - voulons - t'
5. merci - tante - pour - la - dit - le rat; Grisou - l' - va - elle - appeler
6. blague - non, - ce - tante - n' - une - Odile, - pas - est

Solution page 46.

Scène 7

1. Quelles questions est-ce que tante Odile se pose?
2. Pourquoi est-ce que le rat ne peut pas être un cadeau des parents?
3. Pourquoi est-ce que tante Odile a peur quand elle regarde la boîte?
4. Pourquoi est-ce qu'elle n'appelle pas les enfants?
5. Qu'est-ce qu'elle veut faire à la fin de la scène?

Scène 8

1. Pourquoi est-ce que les enfants trouvent leur tante bizarre?
2. «Mais alors … on a raté notre coup». Pourquoi est-ce que Laurent pense ça?
3. Pourquoi est-ce que sa tante sonne à la porte? Qu'est-ce qu'elle raconte?
4. Laurent est inquiet. Pourquoi?
5. Pourquoi est-ce que les enfants sont tristes?
6. Où est-ce qu'ils cherchent Basile?
7. Est-ce que la blague de leur tante est bonne? Pourquoi?/Pourquoi pas?

Où sont les mots?

Trouvez dans cette grille 12 mots de la scène 8. Utilisez les 6 lettres qui restent et formez un 13e mot. (Findet in diesem Gitter 12 Wörter der 8. Szene. Verwendet die 6 übrig bleibenden Buchstaben, um ein 13. Wort zu bilden.)

S	C	E	R	E	L	A	G	E	R
N	O	U	V	E	L	L	E	S	A
I	N	F	D	U	D	R	A	T	T
S	T	I	U	O	S	I	R	G	E
I	E	L	B	U	E	M	M	I	A
O	N	L	C	N	O	N	G	I	M
V	T	E	B	A	S	I	L	E	T
A	E	S	E	R	R	A	Z	I	B

Solution page 47.

CADEAU

Scène 9

1. Pourquoi est-ce que les jeunes racontent l'histoire à leurs parents?
2. Que pensez-vous de Charlotte?
3. Que dit M. Grimaud et qu'est-ce que vous pensez de cette idée?

COMPLÉTEZ LES PHRASES.

1. Ils .... (aller) faire un tour à vélo avec Marc.
2. Vous .... (faire) souvent les courses pour tante Odile.
3. Ils .... (prendre) le courrier dans la boîte aux lettres.
4. Nous .... (commencer) à être fatigués.
5. Elle .... (acheter) des fruits et du fromage pour Basile.
6. Nous ....(manger) une grande tablette de chocolat.
7. Vous .... (dire) des bêtises du matin au soir.
8. Nous .... (voir) Basile sous le lit de Laurent.

Solution page 47.

Scène 10

1. Où est-ce que Laurent cherche Basile?
2. Qu'est-ce qu'il trouve dans la boîte aux lettres?
3. Qu'est-ce que «l'amie» écrit dans sa lettre?
4. Pourquoi est-ce que Mme Grimaud trouve que c'est une bonne nouvelle?
5. Pourquoi est-ce que Charlotte a peur?

PARLER JEUNE

Est-ce que vous comprenez François et Nathalie? Traduisez (übersetzt) leur dialogue en français moins (weniger) familier.

François: On a un nouveau prof; il est vraiment pas rigolo, et en plus, il est super vache. Et puis, il donne plein de devoirs, et dans ses cours je pige jamais rien. C'est dingue, j'ai jamais vu ça.
Nathalie: Chez nous, c'est génial. Le prof est vachement marrant, et les mecs de notre classe sont hyper-sympas, des vrais potes. *Solution page 47.*

Scène 11

1. Pourquoi est-ce que les enfants sont inquiets?
2. Pourquoi est-ce qu'ils connaissent bien la cave n°13?
3. Quelle surprise les attend dans la cave?
4. Quelle rançon est-ce que tante Odile demande aux enfants?
5. Où se trouve Basile?
6. Est-ce que vous trouvez la tante très méchante? Pourquoi?/Pourquoi pas?

Jouer avec les lettres.

Quels mots se cachent ici? Prenez la première lettre de chaque mot (de 1 à 10) et trouvez la solution (Welche Wörter verstecken sich hier? Nehmt den ersten Buchstaben eines jeden Wortes (in der Reihenfolge 1 bis 10), dann habt ihr die Lösung.)

1. TEBATELT	2. DAREI
3. RENOMU	4. TURC
5. METEBER	6. VIRORU
7. RORDIM	8. UBIMEMEL
9. TERETL	10. FETROF

Solution page 47.

Scène 12

1. Pourquoi est-ce que Laurent ne raconte pas la vérité á Marc?
2. Tante Odile explique pourquoi elle est souvent de mauvaise humeur. Qu'est-ce qu'elle dit?
3. Pourquoi est-ce qu'elle veut acheter un journal?
4. Est-ce que c'est une bonne idée?
5. Est-ce que vous avez un animal à la maison? Décrivez-le un peu.

Mots croisés. Kreuzworträtsel.

Horizontalement (waagerecht):

a. Tante Odile n'est pas comme tante Aline: elle n'est pas … .
   Un autre mot qui veut dire *ami, copain*.
b. Les jeunes veulent faire un … à leur tante.
c. Le verbe *rire* au présent, à la 3e personne du singulier.
d. Les personnes qui sont vieilles et malades sont souvent … .
e. Le verbe *avoir* au présent, à la 1ère personne du singulier.
   Les jeunes veulent offrir à tante Odile un truc … .
f. Un copain de Laurent.
   Déterminant possessif.
g. Le verbe *aller* au présent, à la 2e personne du singulier.
   Charlotte … beaucoup le chocolat.
h. Il s'appelle Basile mais pour tante Odile, c'est … .
i. Elle sait aussi faire des blagues.
   Julie a un frère … une sœur.

Verticalement (senkrecht):

1. Initiales de la chouchoute de tante Odile.
   Déterminant possessif.

2. La famille de Laurent. Les ... .
3. Deux lettres du mot *moche*.
   Laurent, tu ... perdu le rat de ton copain.
4. Article défini.
   Basile est ... la table de tante Odile.
5. Le verbe *dire* au présent, à la 3e personne du singulier.
   A Paris, Basile dort dans une ... .
6. Le verbe *être* au présent, à la 2e personne du singulier.
   La fin d'un verbe qui est synonyme (gleichbedeutend) de *penser: Ré...*
7. Le verbe *partir* au présent,à la 1ère personne du singulier.
   Le dernier mot de la lettre anonyme.
8. le contraire de *non*.
   Tante Odile ... souvent sévère avec les jeunes.
9. A l'envers (rückwärts): le participe passé de *savoir*.
10. Je suis, tu ..., il est.
    La ... des enfants n'est pas très sympa, mais elle a donné une idée à tante Odile.

	1	2	3	4	5	6	7	8	9	10
a	C	O	O	L	■	■	P	O	T	E
b	G	■	C	A	S	E	A	V	■	S
c	■	G	■	■	I	■	R	I	T	■
d	T	R	I	S	T	E	S	■	■	B
e	A	I	■	U	■	S	■	N	U	L
f	■	M	A	R	C	■	A	■	S	A
g	V	A	S	■	A	I	M	E	■	G
h	■	V	■	■	G	R	I	S	O	U
i	O	D	I	L	E	■	E	T	■	E

Solution page 48.

Solutions (Lösungen)

Code secret (Scène 1, page 37)
2. cuisine; 3. matin; 4. copine; 5. clochard; 6. bouteille; 7. jeune; 8. anniversaire.

Formez quinze mots avec les éléments suivants. (Scène 3, page 38)
Par ordre alphabétique: content, copine, enfant, expliquer, maintenant, maison, marrant, matin, minute, partir, réfléchir, raconter, souvent, surprise, verser.

Vrai ou faux? (Scène 5, page 39)
1. F: Basile aime bien les fruits.
2. F: Elle demande deux tablettes de chocolat pour son silence.
3. V.
4. F: Basile dort dans une cage.
5. F: Tante Odile habite au 4e étage.
6. F: Il donne toujours des bonbons à la réglisse aux enfants.

7./8. V.

9. F: Charlotte est la chouchoute de sa tante.
10. Les amis de Marc partent pour une semaine avec leurs cousins.

Faites des phrases. (Scène 6, page 40)
1. Ils sont vraiment très polis.
2. Ils veulent faire la paix avec moi.
3. On t'apporte aussi ton courrier et une grande boîte.
4. Nous voulons t'offrir un cadeau.
5. La tante dit merci pour le rat; elle va l'appeler Grisou.
6. Non, tante Odile, ce n'est pas une blague.

Où sont les mots? (Scène 8, page 41)

S	C	E	R	E	L	A	G	**E**	R
N	O	U	V	E	L	L	E	S	A
I	N	F	**D**	**U**	D	R	A	T	T
S	T	I	U	O	S	I	R	G	E
I	E	L	B	U	E	M	M	I	**A**
O	N	L	**C**	N	O	N	G	I	M
V	T	E	B	A	S	I	L	E	T
A	E	S	E	R	R	A	Z	I	B

Solution (Lösungswort): CADEAU

Complétez les phrases.
(Scène 9, page 42)
1. Ils vont; 2. Vous faites; 3. Ils prennent;
4. Nous commençons; 5. Elle achète; 6. Nous mangeons;
7. Vous dites; 8. Nous voyons.

Parler jeune (Scène 10, page 42)
François: On a un nouveau professeur, il n'est vraiment pas drôle, et en plus, il est (très) méchant. Et puis, il donne beaucoup de devoirs, et dans ses cours je ne comprends jamais rien.
Nathalie: Chez nous, c'est très bien. Le professeur est très marrant, et les garçons de notre classe sont très sympathiques, des vrais copains.

Jouer avec les lettres. (Scène 11, page 43)
1. **t**ablette; 2. **a**ider; 3. **n**uméro; 4. **t**ruc; 5. **e**mbêter; 6. **o**uvrir;
7. **d**ormir; 8. **i**mmeuble; 9. **l**ettre; 10. **e**ffort.
Solution (Lösungswort): tante Odile.

Mots croisés. Kreuzworträtsel.
(Scène 12, page 45)

	1	2	3	4	5	6	7	8	9	10
a	C	O	O	L			P	O	T	E
b	G		C	A	D	E	A	U		S
c		G			I		R	I	T	
d	T	R	I	S	T	E	S			B
e	A	I		U		S		N	U	L
f		M	A	R	C		A		S	A
g	V	A	S		A	I	M	E		G
h		U			G	R	I	S	O	U
i	O	D	I	L	E		E	T		E